Autora: Joxelyn Ruiz

Abrazos para siempre

Texto: Joxelyn Ruiz
Ilustración: Kelly Chaviel
Diagramación interior: Isaac Páez
ISBN: 9798841401520

Primera Edición

Prohibido la reproducción total o parcial, el registro o la transmisión por cualquier medio de reproducción sin previo aviso por escrito de la autora Joxelyn Ruiz Orozco.

Visita la página de la autora:
www.arrorromilibro.com

Dedicatoria

Madre, a ti que anhelas ser la paz que deseas ver en tus hijos. Este poema es para las madres y sus hijos, honrando la naturaleza que es madre, sabia y sanadora.

Cuando se oculte el sol y la luna se presente,
cuando tengas miedo en la noche de repente,
aquí estaré para abrazarte siempre.

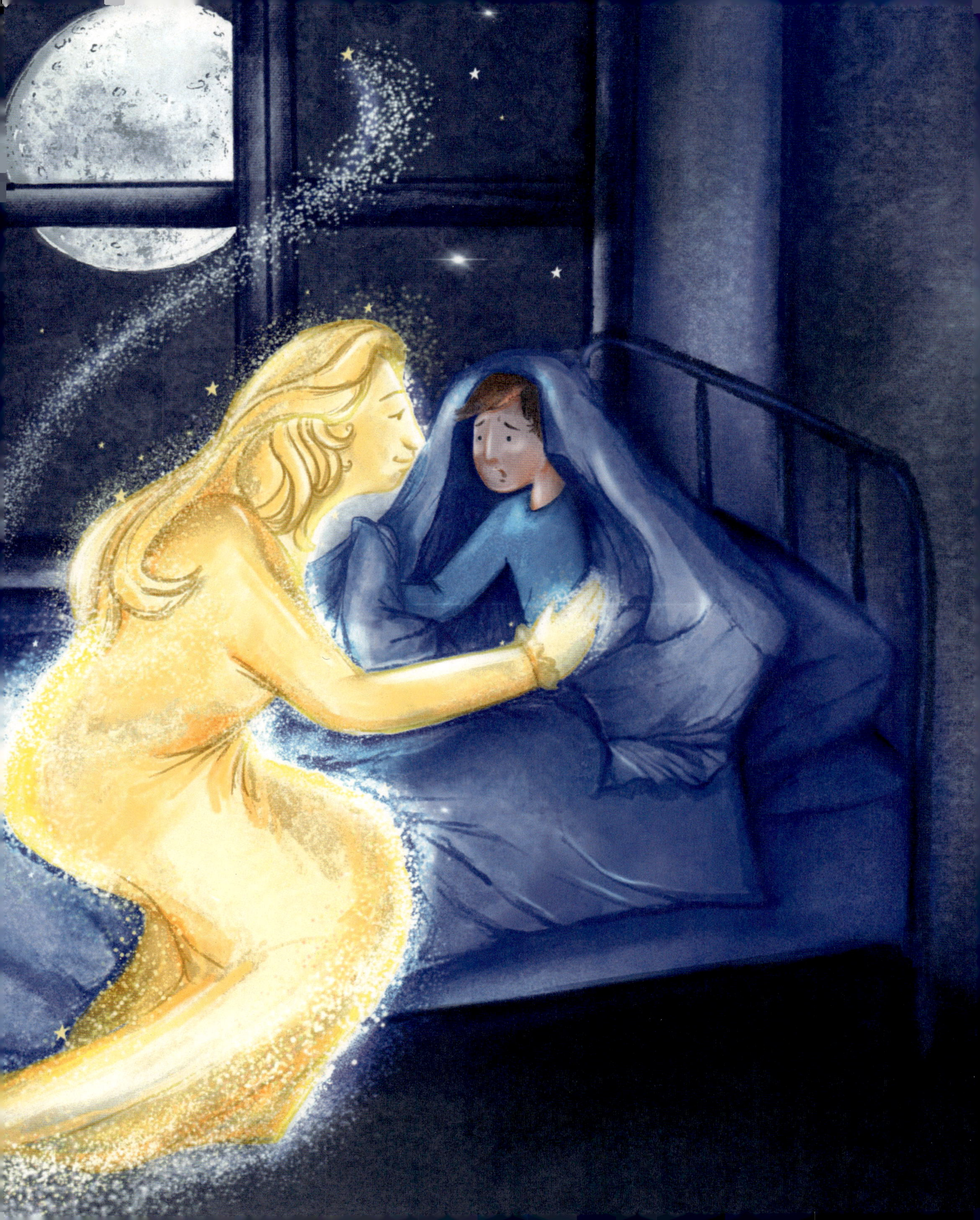

Cuando tropieces y caigas
y la rodilla te duela,
correré para abrazarte
con un remedio de la abuela.

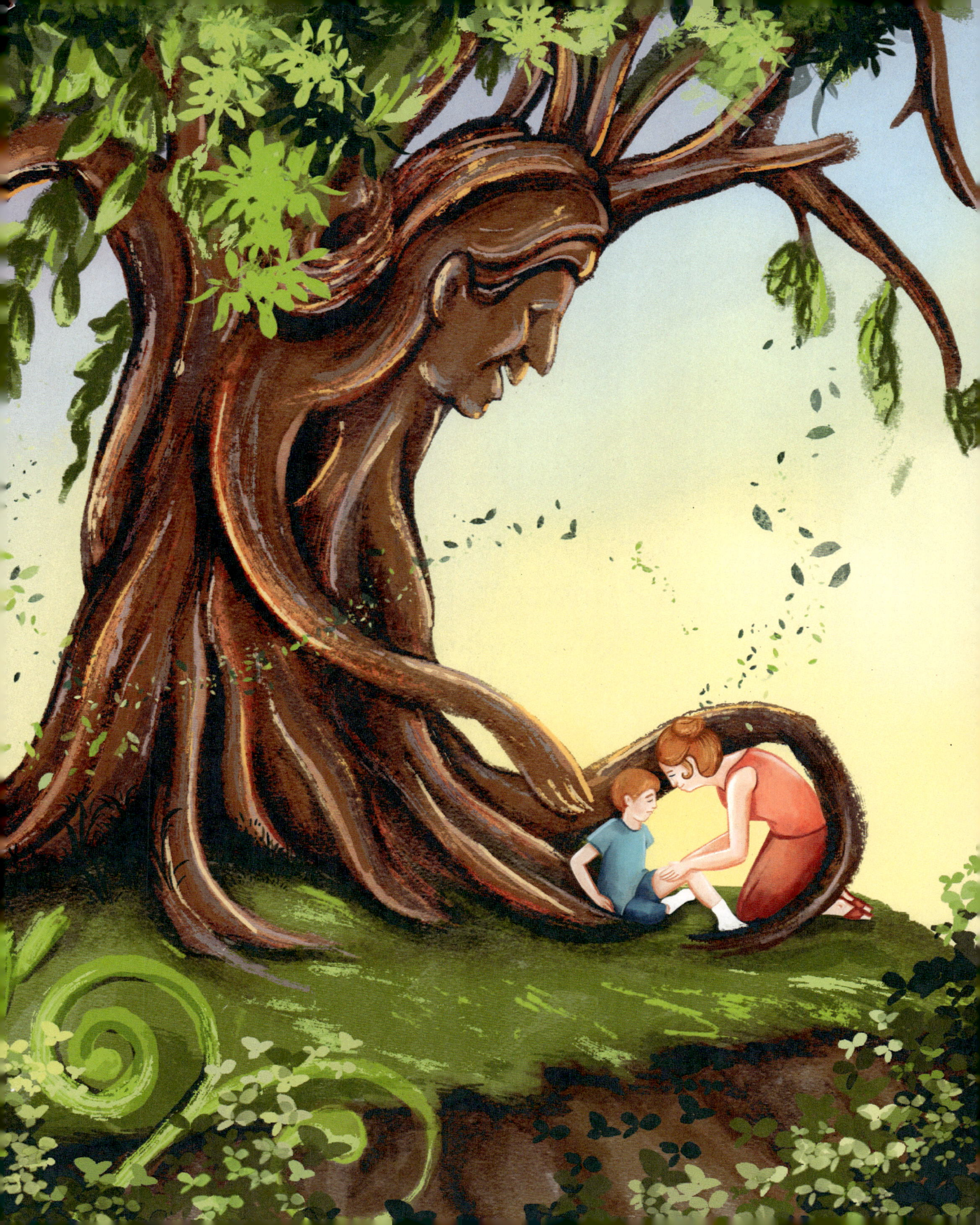

Cuando ames y confíes,
y si rompieran tu corazón,
aquí estaré como siempre
para darte besos a montón.

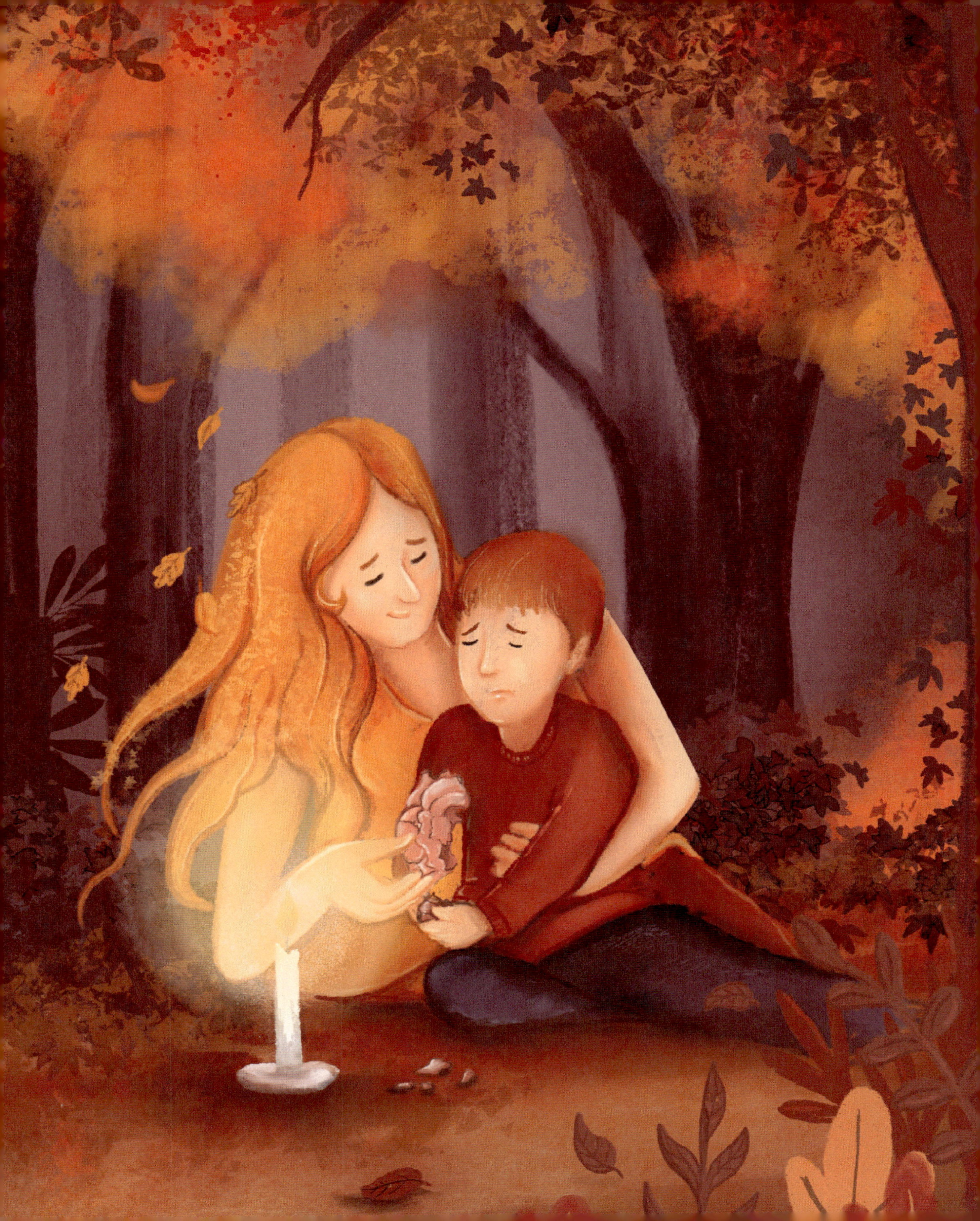

Cuando de mí necesites
abrazos y contención,
seré refugio y amparo
con toda mi devoción.

Cuando tengas mil preguntas,
o también incertidumbre,
seré tu guía y tu faro
que te abrace y te alumbre.

Cuando no salga bien aquello
que con esfuerzo empezaste,
te abrazaré con orgullo
porque sé que lo intentaste.

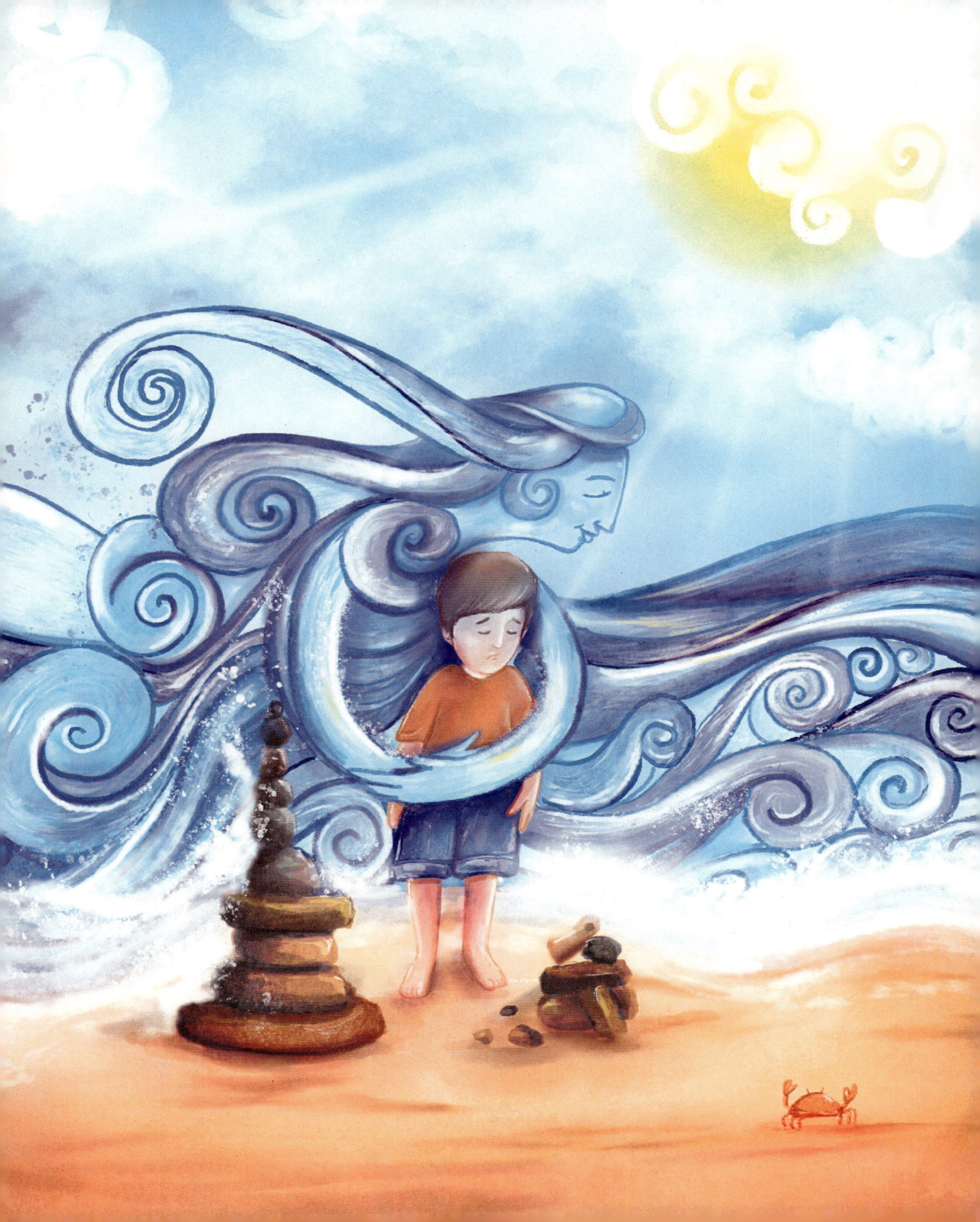

Cuando dudes de ti mismo
o te abrume el desaliento,
te daré muchos abrazos
recordando tus talentos.

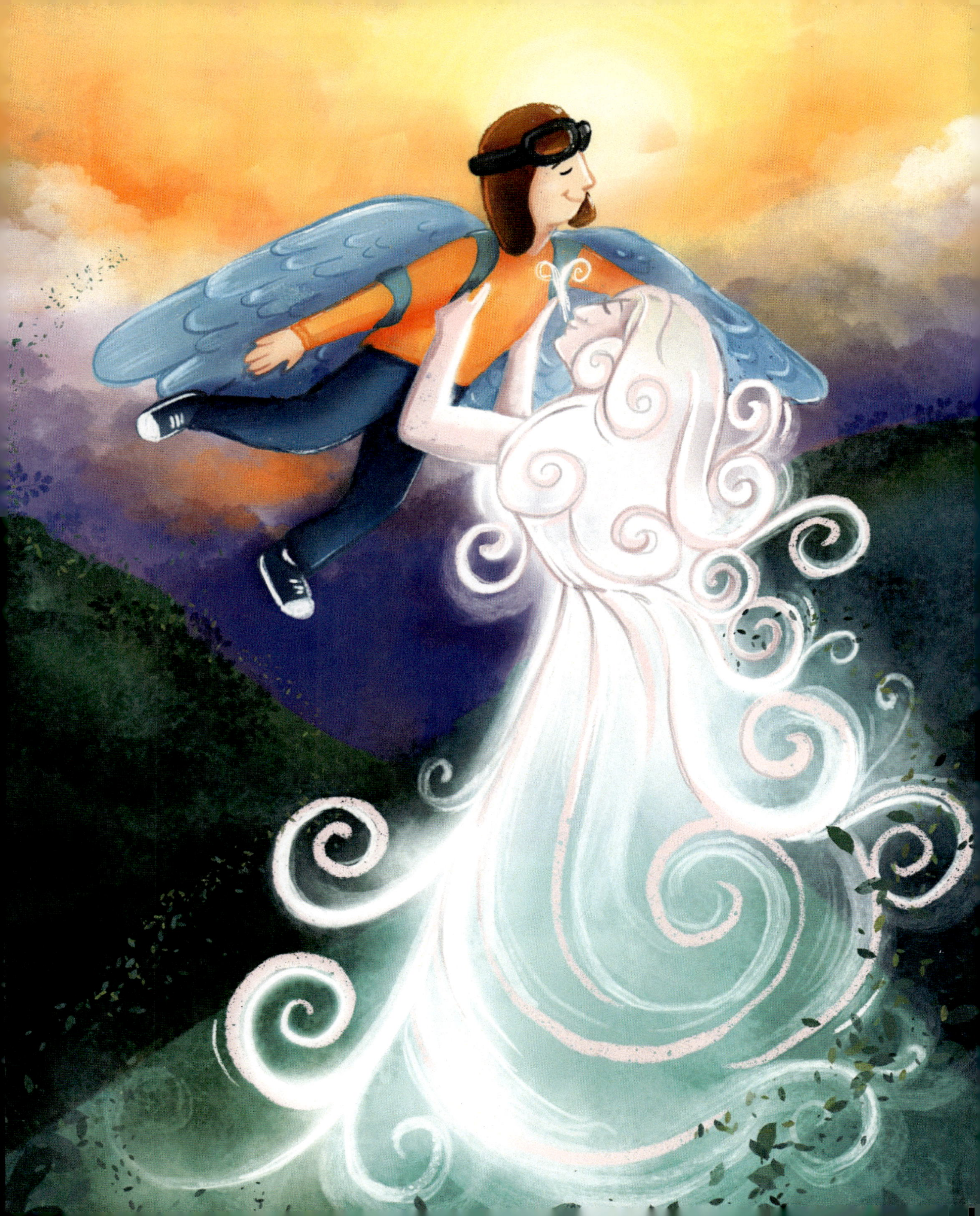

Cuando te invada el enfado
y la ira sin precaución,
contaremos hasta diez
abrazando al corazón.

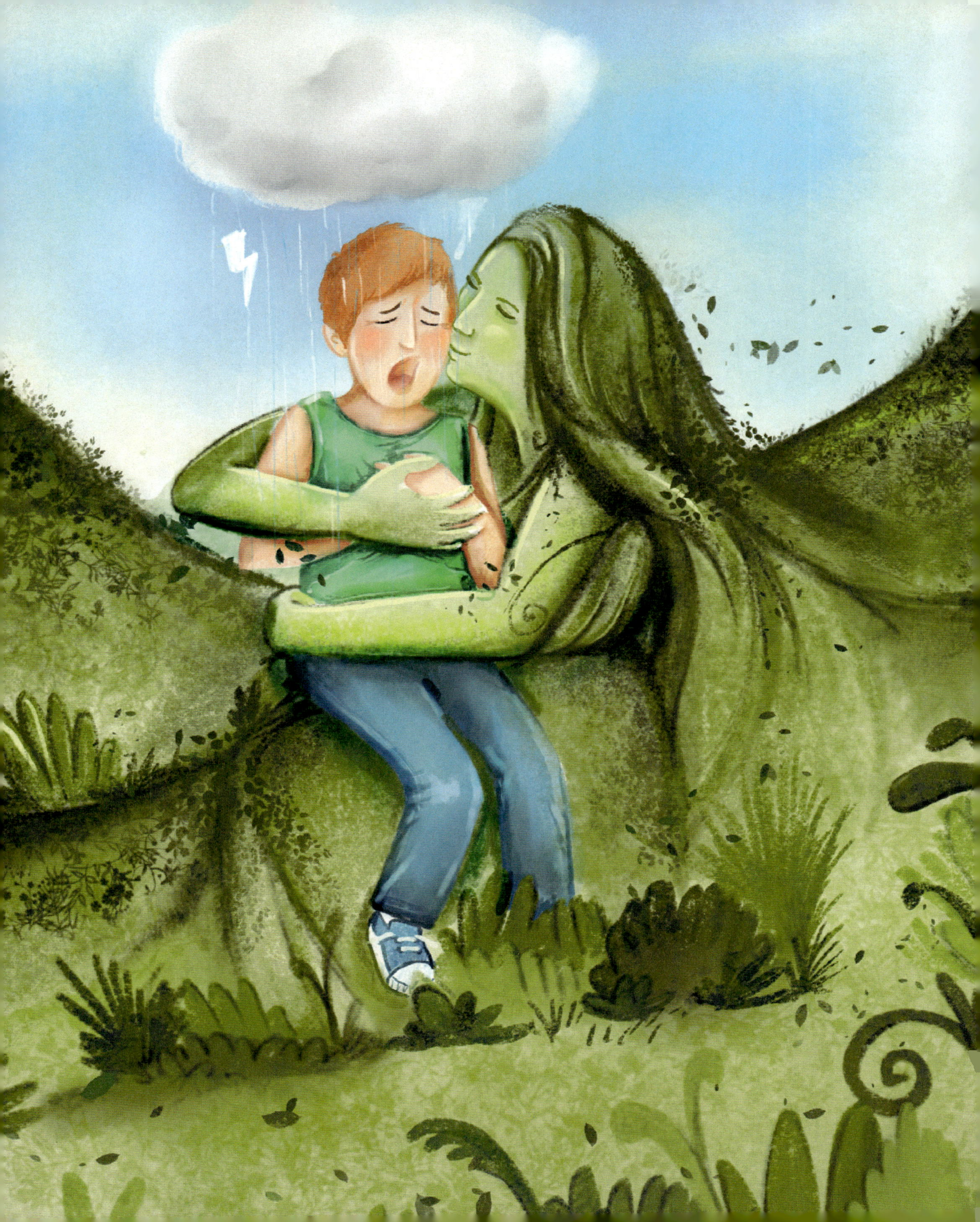

Cuando inicies un camino
con firmeza y convicción
te ofreceré mis abrazos
y mi dulce bendición.

Cuando creas en ti mismo
aún en contra de la corriente,
cuenta siempre con mi abrazo
porque sé que eres valiente.

Cuando llores y te embargue
el desconsuelo aparente,
me apresuraré para abrazarte
y entender cómo te sientes.

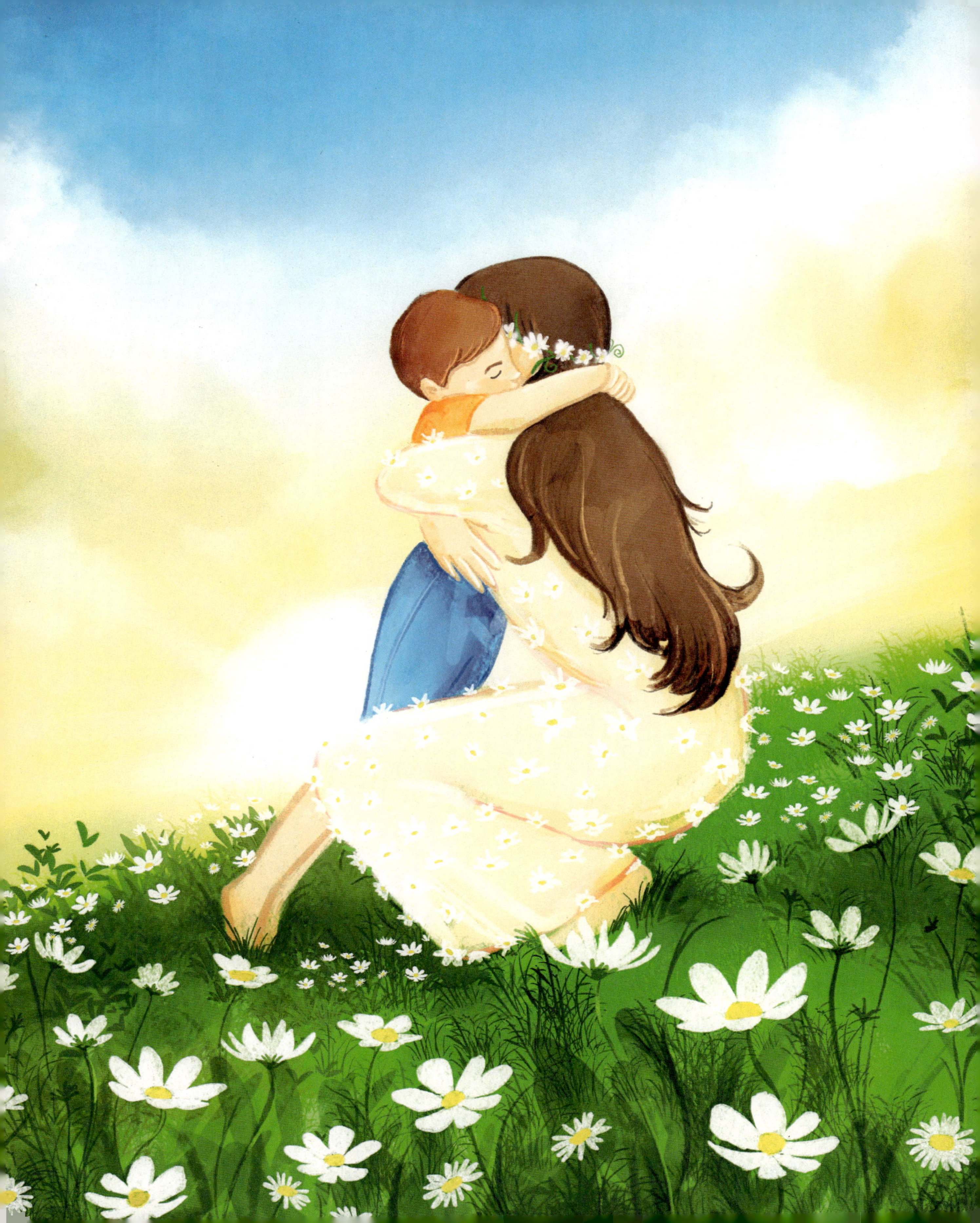

Cuando te sientas solo,
triste o desesperanzado,
no dudaré ni un segundo
en mantenerme a tu lado.

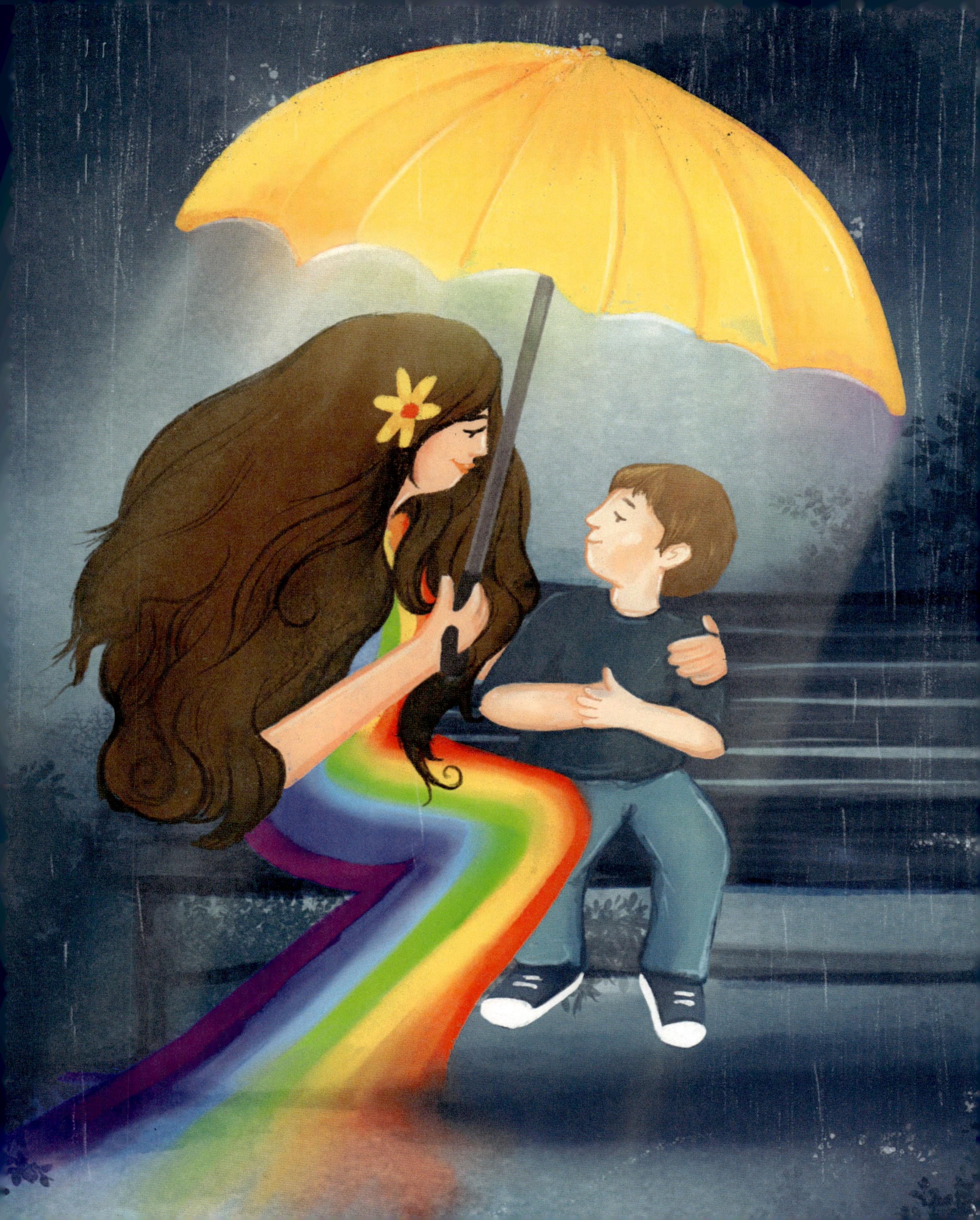

Made in the USA
Columbia, SC
12 October 2022